RAVYNNE PHELAN

L'Oracle du Messager

ÉDITIONS
VEGA
19, rue Saint-Séverin
75005 Paris

Titre original : *Messenger Oracle*
publié par Blue Angel® Publishing

Traduit de l'anglais par Gérard Leconte

ISBN : 978-2-85829-757-3
www.editions-tredaniel.com
info@guytredaniel.fr

*« Je suis Gaïa.
Je suis la fille du Grand Esprit,
qui est la Source de Tout.
Je suis à la fois magique et divine,
comme tout ce que je crée.
Je suis la Grande Mère.
Je suis votre mère,
et vous, belle âme,
vous êtes la manifestation physique
de mon amour. »*

Sommaire

Introduction

« Je suis Gaïa, je suis la fille du Grand Esprit, qui est la Source de Tout. Je suis à la fois magique et divine, comme tout ce que je crée. Je suis la Grande Mère, je suis votre mère, et vous, belle âme, vous êtes une manifestation physique de mon amour.

Je vous parle dans des visions, exposant vos sens à la gloire et au mystère du monde qui vous entoure. Je vous offre la sagesse et la guidance afin que vous puissiez connaître et comprendre aussi bien vous que le monde où vous vivez, afin que vous puissiez voir et étreindre le divin en vous comme dans la nature.

Je vous envoie mes enfants et protecteurs – les fées, les créatures du règne animal et de la nature, les dragons. Ils parlent de ma part. Ce sont mes messagers et leurs paroles sont un don pour vous.

Notre seul désir partagé est de vous guider dans votre voyage, de vous ouvrir à l'éclatante beauté et au pouvoir de votre âme et de votre ombre, à la conscience que vous n'êtes pas seul, et de vous dire que vous êtes aimé. »

Ce coffret est pour ceux qui s'ouvrent comme une fleur au chant de la vie et à la magie qui s'écoule et entoure tout ; qui ressentent le besoin de se connecter à Gaïa et au Grand Esprit, ou qui cherchent à réaffirmer et comprendre la connexion. C'est un outil de divination né de l'amour et exempt de jugement comme de dogme. Il vous parlera, parfois avec une voix sévère, qui met en garde, et parfois avec une voix gentille et douce, mais pour ce que vous choisissez d'entendre, à vous seul le discernement. Les mots du Messager sont simples, mais ce qu'ils révèlent et ce que vous percevrez, ce sera pour la vérité et rien de plus. Ce coffret ne concerne pas le juste ou le faux, le bien ou le mal. Le seul but de l'entretien avec les Messagers de Gaïa et du Grand Esprit est de vous aider à mieux comprendre qui vous êtes et quelle est votre place dans le monde, afin que vous puissiez être tout ce que vous êtes censé être.

Se relier avec les cartes

Avant de commencer, prenez un moment pour d'abord vous purifier, puis reliez-vous aux cartes, imprégnez-les de votre énergie et de votre intention.

Dans un bol de métal ou un brûleur d'encens, déposez les encens suivants : la lavande pour l'amour, la protection et la paix, et la sauge pour la purification. Allumez-les et passez lentement les cartes trois fois à travers la fumée. À chaque passage, prononcez les mots « *Sois purifiée et sois protégée.* »

Une fois la purification terminée, tenez les cartes près de vous et dites trois fois les paroles suivantes :

« J'appelle les Messagers –
Venez à moi je vous prie ;
Révélez-moi ce que j'ai besoin de voir.
Aidez-moi à apprendre la vérité sur moi
Afin que je puisse être ce que j'espère.
Je vous dis trois fois mon choix ;
J'en appelle à vous, même pour peu. »

Finalement, si vous désirez avoir un lien plus fort avec vos cartes, placez-les pendant une nuit sous votre oreiller afin qu'elles puissent s'imprégner de votre énergie, des rêves de votre moi qui dort comme du moi qui veille.

Comment utiliser vos cartes

Les instructions concernant l'emploi de ces cartes sont simples – faites ce qui vous semble juste. Quand vous tirez vos cartes, les Messagers essaieront d'avoir une conversation avec vous. C'est à vous de décider si chaque fois la conversation sera longue ou courte. Tirez une carte ou tirez-en vingt, vous avez le choix. Voici quelques tirages que vous pourrez employer.

Le Guide

Le
Guide

La lecture de cette carte unique est une courte discussion que vous pouvez avoir de jour ou de nuit. Le Messager qui vient à vous agira pour vous comme un guide aussi longtemps que vous aurez besoin de lui.

Vous saurez et vous choisirez quand il est préférable de faire cette lecture.

Si vous êtes plus attiré par l'obscurité de la nuit, alors, avant d'aller dormir, prenez un moment de calme pour tirer une seule carte. Méditez sur la carte un court instant avant de la placer sous votre oreiller afin que vos rêves soient influencés par la guidance du Messager.

Si vous préférez la clarté du jour, prenez un moment pour tirer une carte en vous levant. Laissez le Messager vous parler. Quelles pensées et quels sentiments le message vous inspire ? Le message semble-t-il une affirmation ou un challenge ? Laissez le Messager vous guider afin que vous deviniez la leçon qui se cache sous les mots.

Le tirage de l'âme et de l'ombre

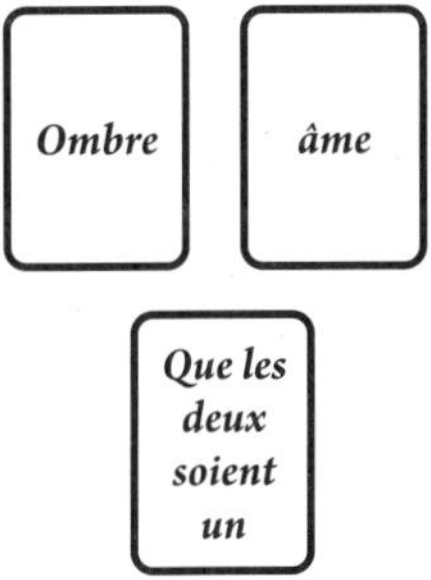

Une fois que vous êtes installé et que vous avez battu les cartes, tirez une carte et placez-la sur la table ou sur le sol. Puis tirez une deuxième carte et placez-la à la droite de la première. Enfin, tirez une troisième carte et placez-la sous les deux autres.

La première carte, qui est à gauche, est la carte d'ombre et représente une facette de vous-même qui mérite qu'on lui prête attention. Réfléchissez sur le message de la carte. Cela ne signifie pas sans doute que vous vouliez éviter de résoudre ce problème, mais simplement que vous négligez cette facette de vous-même et que vous avez besoin de la mettre en lumière.

La carte de droite est celle de l'âme et représente une facette de vous-même qui est une de vos forces. Vous pouvez aussi avoir besoin de faire face à une situation ou à une circonstance que cette facette peut influencer, mais prenez courage, c'est quelque chose que vous êtes capable de résoudre, et vous pourrez utiliser ce que vous avez appris pour vous aider à poursuivre votre parcours.

La carte finale : « Que deux soient un », vous proposera un acte qui peut vous permettre d'unir l'âme à l'ombre afin que cette totalité et cet équilibre soient atteints.

Le tirage de l'arbre de Gaïa

Le tirage de l'arbre de Gaïa est pour ceux qui désirent avoir un entretien détaillé et structuré avec les Messagers.

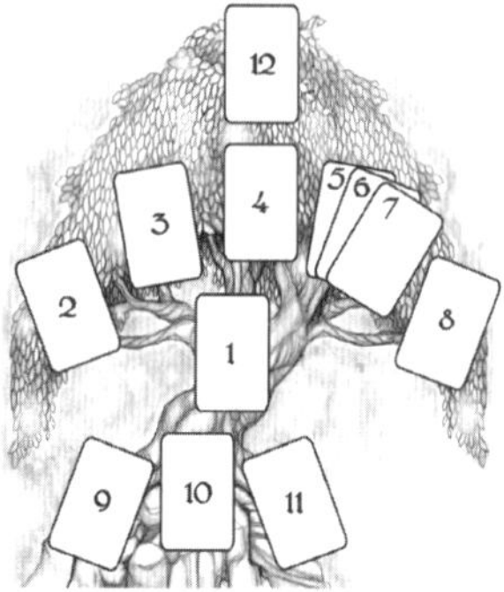

1. **Le tronc** – vous représente en tant que chercheur.
2. **La première branche** – l'humeur ou l'énergie de votre environnement au moment de l'interprétation.
3. **La deuxième branche** – peut-être une force ou une faiblesse qui peuvent avoir un impact sur le présent.
4. **La troisième branche** – le présent
5. **La quatrième branche** – le premier des trois choix ou possible conduite à tenir pour le présent ou le futur.
6. **La première feuille** – le deuxième des trois choix ou possible conduite à tenir pour le présent ou le futur.
7. **La seconde feuille** – le troisième des trois choix ou possible conduite à tenir pour le présent ou le futur.
8. **La cinquième branche** – les prochaines semaines à venir.
9. **La première racine** – quelqu'un ou quelque chose du présent peut avoir une influence.
10. **La deuxième racine** – quelqu'un ou quelque chose du passé peut avoir une influence.
11. **La troisième racine** – vos sentiments et pensées subconscients.
12. **La branche du haut** – les prochains mois.

Cartes inversées

Vous pouvez choisir de mettre toutes les cartes droites, ou les laisser s'aligner naturellement. Pour ceux qui font le deuxième choix, une carte qui se trouve inversée dans votre tirage représente le besoin de considérer une zone de restriction ou de négligence. Cherchez ce sur quoi vous devez vous concentrer.

La signification
des cartes

Carte 1

Un nouveau jour se lève

Aujourd'hui est un nouveau jour. Avec l'aurore se présente l'opportunité de recommencer ou d'entreprendre quelque chose de nouveau. Créez ce que vous désirez créer. Devenez la personne que vous rêvez d'être. Ne laissez pas vos doutes ou vos peurs vous reprendre, car ce jour brille d'espoir et de chance. Avancez et accueillez-le avec un sourire sur les lèvres et la joie dans le cœur.

Carte 2

Soyez patient

Ce n'est pas aujourd'hui le temps d'agir. C'est le moment de se montrer mesuré ; soyez patient et attendez. Si vous avez le désir d'un résultat ou si vous voulez prendre une résolution, l'issue risque de vous déplaire parce que vous aurez été forcé d'agir avant que ce soit le moment. Pensez que tout sera comme il convient le temps venu. Restez calme. Abandonnez frustration et impatience, et rappelez-vous que les bonnes choses arrivent à ceux qui attendent.

Carte 3

Soyez vigilant

Soyez attentif et prudent en ce qui concerne les actes des autres comme les vôtres. Quelqu'un vous a laissé tomber ou vous a trahi. Il est normal et naturel de faire l'expérience des sentiments de colère, de douleur et de déception. Ressentir toutes sortes d'émotions est naturel, mais vous avez toujours le choix de réagir à votre façon. Ne pas vouloir souffrir peut devenir une source d'infection. Sachez-le. Tirez profit de vos expériences, puis laisser partir la colère, la douleur et la déception. Ne leur laissez pas vous inspirer des actes de représailles nés de la malveillance et de la rancune.

Carte 4

Soyez sans malice

Vous avez reçu la possibilité de créer avec la pensée, l'intention, l'action et l'émotion. Soyez conscient de votre pouvoir et de ce que vos actions et réactions créent en vous et autour de vous. Chérissez ce don et employez-le d'une manière à la fois sage et productive. Créez la beauté et inspirez aux autres le désir de faire de même. Créez un futur qui soit satisfaisant et agréable. Faites ce pourquoi vous êtes né.

Carte 5

Stimulez votre perception

Vous ne pouvez stimuler une perception disparue ou une perception née d'un manque de compréhension si vous refusez de mettre de côté vos sentiments et vos croyances pour adopter un autre point de vue. Agir ainsi vous permet de prendre conscience du tout et vous fait prendre une hauteur suffisante pour voir que les deux parties impliquées dans une dispute peuvent agir contre une injustice. Les deux peuvent avoir raison, ou tort, et ce que l'un peut percevoir comme blessant peut être vu par l'autre comme apaisant et bénéfique.

Carte 6

Le changement est inévitable

Le changement est inévitable. Chaque seconde de chaque jour vous subissez le changement. Votre perception est altérée par ce que vous voyez, sentez, expérimentez d'un moment à l'autre. Votre corps vieillit et se rapproche de la mort à chaque souffle. L'automne viendra toujours à la fin du bel été, et le nouvel espoir du printemps suivra toujours l'hiver. Le changement est tout autour de vous. Que la peur ne vous lie pas au passé et ne vous empêche pas de vous réjouir du présent et du futur. Cessez de lutter. Vous ne pouvez résister à l'inévitable, aussi choisissez plutôt de l'accueillir avec acceptation et paix.

Carte 7

Ne craignez pas l'inconnu

Ce qui est laid n'est pas toujours mauvais et maléfique, et ce qui est beau n'est pas toujours bon et juste. L'échec n'est pas prédéterminé, non plus qu'il est acquis que l'on rie de vous si vous suivez vos rêves. C'est la peur de l'inconnu qui vous fait questionner et juger. Que l'expérience d'autrui ne soit pas la vérité qui vous guide. Ne permettez pas à votre peur d'une issue inconnue de vous retenir prisonnier. Votre propre expérience pourrait être à la fois différente et enrichissante. Vivez !

Carte 8

Intégrer l'esprit

Vous êtes un être spirituel dans une vie physique. Intégrez l'esprit dans votre voyage et réaffirmez votre connexion avec le Divin. Envolez-vous vers les cieux, mais pensez à regarder vers le bas afin de voir que le Divin existe dans le monde magique, naturel au-dessous de vous. L'esprit réside à l'intérieur de tout – dans tout ce que vous voyez et connaissez, tout ce que vous ne voyez pas et qui est inconnu. Tout ce qui est créateur et destructeur, le beau et le laid, naissent du Divin.

Carte 9

Intégrer le sombre

On vous a enseigné que tout est bien ou mal, négatif ou positif ; le bien donne le bien, et le mal donne le mal. Il est mauvais d'avoir des sentiments de colère, de dégoût ou de peur, car ces émotions naissent de notre ombre. Ce n'est pas la Vérité. Chaque chose se produit pour une certaine raison. L'amour peut aboutir à la destruction, et la haine peut inspirer des actes d'amour véritable. Les leçons apportées par notre ombre nous enseignent souvent le meilleur. Connaissez votre ombre. Aimez-la. Sans l'obscurité, on ne pourrait voir les étoiles.

Carte 10

Intégrer le féminin

Il y a en nous-même deux aspects pour notre nature – le féminin et le masculin. Ici, dans le présent, il vous faut intégrer l'aspect féminin de votre nature et le laisser guider vos pas. Maintenant c'est le moment d'être éducatif, créatif et de vous connecter à la nature, au foyer et au cœur. Soyez à l'écoute de votre intuition et de vos émotions. Soyez réceptif et compatissant. Mais souvenez-vous : tout en permettant à votre part féminine d'être dominante, vous devez tempérer votre douceur avec un feu qui refuse toute soumission.

Carte 11

Intégrer le masculin

En nous-même il y a deux aspects de notre nature – le masculin et le féminin. Ici, dans le présent, il vous faut intégrer l'aspect masculin de votre nature et le laisser guider vos pas. Il est temps maintenant de vous affirmer, d'agir avec autorité et de vous dresser pour vous-même et vos vérités. Luttez pour ce en quoi vous croyez. Ne permettez pas aux autres de vous dire ce que vous devez faire ou ne pas faire. Mais souvenez-vous : tout en permettant à votre part masculine d'être dominante, il vous faut tempérer votre autorité et votre détermination avec de la douceur et de la compassion.

Carte 12

Concentrez-vous et agissez

Il y a quelque chose que vous voulez ou que vous avez besoin de rendre manifeste, mais pour réaliser vos rêves, vous devez concentrer votre volonté sur ce désir et faire ce qui doit être fait. La prière seule ne vous donnera pas ce que vous désirez. Il y a des choses que vous devez faire pour que vos souhaits soient réalisés. Maintenant n'est pas le temps du repos ou de la passivité. Il est temps maintenant de concentrer votre volonté, vos pensées et vos émotions, de vous lever pour franchir les étapes nécessaires.

Carte 13

Suivez la lune

Les trois quarts de la surface de Gaïa sont recouverts par l'eau, et l'attraction de la lune peut soulever les océans de la Terre à l'équateur et les entraîner dans son sillage. Les trois quarts du corps humain sont aussi composés d'eau, et par conséquent vous êtes également assujetti à son pouvoir. Quand elle croît et décroît, vous faites de même. Prenez note. Suivez les cycles de la lune et notez de quelle manière vous pensez et ressentez les choses tandis que sa lumière augmente et diminue. Prenez le temps d'explorer et de comprendre son influence sur votre corps et sur vos émotions.

Carte 14

Prenez courage

Il y a des moments où vous vous sentez petit, effrayé et seul dans le monde, mais vous n'êtes pas seul. Vous êtes surveillé et chéri par Gaïa et le Grand Esprit. Sachez que vous avez en vous la force de surmonter tous les obstacles placés sur votre chemin, même s'ils paraissent décourageants ou immenses. Prenez courage. Maintenant il est temps de croire en vous et d'avoir confiance : vous surmonterez tout.

Carte 15

Écoutez les Anciens

Les peuples indigènes du monde sont ceux qui ont vécu en harmonie avec la terre pendant d'innombrables générations. Parmi eux sont les Anciens, dont la connaissance et la sagesse nous enseignent notre relation avec la nature, comment mener une vie de conscience empathique et mieux comprendre notre rôle de gardiens de la terre. Ils peuvent nous enseigner la sagesse qui consiste à ne prendre que ce dont nous avons besoin, à gaspiller peu et à honorer tous les sacrifices accomplis afin que nous puissions vivre et croître. Écoutez la sagesse des Anciens, tirez profit de leur connaissance, de leur savoir et de leurs traditions.

Carte 16

Prêtez attention au Messager

Il est facile d'ignorer les messagers et les signes qu'ils vous montrent, surtout quand ils apportent un message que vous ne désirez pas entendre. Mais il n'est plus temps d'ignorer les messagers. Ne laissez pas votre peur du changement ou de l'inconfort étouffer leurs voix. Il est temps pour vous d'arrêter de procrastiner, de voir et d'écouter leur vérité, et de faire le nécessaire. Prêtez attention au Messager pour la sagesse qu'il offre, né de votre intuition et de votre besoin.

Carte 17

Prêtez attention à vos rêves

Vos rêves sont un puissant outil pour augmenter votre conscience de vous-même, car ils contiennent la vérité sans voile. Que ce soit un rêve ou un cauchemar, ils sont les clés pour comprendre votre moi intérieur – à la fois vos joies et vos peurs. Communiez avec Gaïa et le Grand Esprit dans la tranquillité de votre sommeil ; apprenez à lire et à interpréter vos rêves. Écoutez ce qu'ils vous disent. Prêtez attention à ce qu'ils vous font ressentir. Soyez attentif à ce qu'ils révèlent et apprenez qui vous êtes et qui vous espérez être.

Carte 18

Honorez Gaïa

La terre sur laquelle vous résidez est plus qu'un rocher recouvert d'eau, de pierres et de poussière. La terre qui est sous vos pieds, les montagnes, les forêts, les rivières, les lacs, les océans, et l'air que vous respirez sont des parties de l'entité vivante et magique qui est Gaïa. Elle est notre mère éternelle qui nous nourrit et nous abrite. Gaïa nous donne la vie. Sans elle, nous ne serions pas. Honorez Gaïa en voyant la vérité de ce qu'elle est. Honorez Gaïa en l'aimant comme vous vous aimez vous-même.

Carte 19

Sachez où est votre place

Vous avez une place. Vous avez un but. Vous êtes particulier. Ne changez pas qui vous êtes juste pour que les autres vous acceptent. Ne déshonorez pas vos vérités en permettant à quelqu'un de vous dire qui vous devez être. Le changement opéré pour convenir aux attentes ou aux critères sociaux d'une clique ou d'un groupe ne vous honore pas. Vous n'avez pas besoin de changer pour être à votre place. Vous êtes un enfant béni de Gaïa et du Grand Esprit et vous êtes à votre place simplement parce que vous êtes.

Carte 20

Connaissez vos peurs

Vous éprouvez des peurs grandes et petites. On peut ressentir une peur pour une bonne raison ; elle permet de vous rappeler d'être prudent et de ne pas prendre des risques insensés et dangereux. D'autres peurs ressenties ne sont que des ombres auxquelles vous avez donné réalité et substance. Elles ne servent qu'à vous faire douter de vous-même, à remettre en question votre bon jugement, à craindre le succès, à vous restreindre et à vous limiter. Regardez en vous. Connaissez vos peurs. Mettez sur elles une lumière et regardez-les comme les ombres et les moisissures qu'elles sont.

Carte 21

Connaissez votre pouvoir

Vous avez le choix en toutes choses. Votre pouvoir naît de cette liberté de choisir, mais avec cette liberté vient le fardeau de la responsabilité. Pour connaître votre pouvoir, vous devez accepter votre propre responsabilité dans tout ce que vous entreprenez, même quand vous permettez à un autre d'imposer son choix ou de prendre le dessus. Vous avez le pouvoir de choisir si vous portez la selle ou la bride, ou si quelqu'un chevauche votre dos. Prenez possession de votre pouvoir. Connaissez-le et observez-le dans tous vos choix et tous vos actes.

Carte 22

Laisser partir l'ancien

Tenez-vous à des croyances et à des notions qui ne vous conviennent plus ? Bloquez-vous vos décisions et votre allant parce que vous craignez de mettre fin à un chapitre de votre vie ? Il est temps de vous libérer d'attaches devenues inutiles. Il est temps de dire adieu à tout ce qui n'a plus ni place ni sens dans votre vie. Il est temps de faire un bond salutaire au niveau émotionnel ou physique. Il est temps d'abandonner le passé afin de pouvoir être ouvert à ce que le futur peut vous apporter.

Carte 23

Laisser s'exprimer vos émotions

Les émotions se meuvent comme l'eau. Elles peuvent être joyeuses comme un ruisseau murmurant, aussi profondes et puissantes qu'un fleuve. Accordez-vous de les ressentir et de les vivre sans jugement ni blâme. Ne tentez pas de les nier car cela ne pourrait conduire qu'à blesser et rendre malheureux. Ne les contenez pas. Libérez-les. Laissez-les s'exprimer. Ressentez-les et étudiez-les, acceptez-les pour ce qu'elles sont – un signe que vous existez dans ce qui passe comme tout passe.

Carte 24

Que deux deviennent un

Partagez-vous avec qui vous aimez. Soyez son meilleur ami et faites qu'elle soit la vôtre. Que votre confiance mutuelle soit à toute épreuve, et que votre amour soit renforcé en connaissant et en acceptant vos défauts et vos faiblesses, et en continuant de vous aimer malgré eux. Donnez-vous complètement, confiant que vous ne perdrez pas votre indépendance ou votre personnalité, mais au contraire que tous deux deviendrez deux moitiés d'un tout plus fort et plus aimant.

Carte 25

Aimez ce qui en vous est différent

Vous avez des forces et des faiblesses, et les deux sont dignes d'amour. Connaissez-les, honorez-les, et ne tenez pas compte de ceux qui vous disent que vous devez changer afin de satisfaire ce qu'ils attendent de vous. Vous ne serez jamais celui que les autres veulent que vous soyez. Vous ne pouvez être que l'unique individu que vous êtes censé être. Aimez être différent car ce sont vos propres différences, et c'est de les aimer qui vous rend vraiment beau.

Carte 26

Aimez sans condition

Trouvez-vous souvent plus facile de donner des avis aux autres, tout en dissimulant que l'avis que vous donnez est un avis que vous-même omettez de suivre ? Trouvez-vous plus facile d'éduquer les autres et de leur montrer gentillesse et compassion ? Il est temps d'être doux et gentil avec vous-même, de vous aimer – avec vos forces et vos faiblesses – sans réserve ou condition. Éduquez-vous. Soyez aimable avec vous-même, car vous méritez la même attention et le même amour inconditionnel que vous donnez aux autres.

Carte 27

Faites le sacrifice

Vous n'atteindrez pas le résultat que vous désirez si vous ne voulez pas agir sur vos intentions. Ce n'est pas aussi simple que de vouloir qu'une chose arrive ou de croire que cela va arriver. Vous devez faire en sorte qu'elle arrive, et cela requiert que vous soyez prêt à faire tout ce qui est nécessaire, quel qu'en soit le sacrifice. Car pour tout ce que vous désirez, vous devez en retour donner de vous-même.

Carte 28

Besoin et nécessité

La nuit et le jour existent au même moment. La création et la destruction ont le même visage. Vous voyez l'une ou l'autre face parce que vous ne voyez pas le tout. Ce que vous pouvez voir est douloureux, un autre peut croire que c'est bon. Tout est basé sur la perception. Dans la nature, tout se produit en accord avec le besoin et la nécessité, non le juste et l'injuste. Demandez-vous si il y a une raison véritable pour agir. Si le changement est nécessaire pour que se poursuivent votre bien-être et votre bonheur. Si la réponse est oui, alors agissez. Si c'est non, ne le faites pas.

Carte 29

Nourrissez l'âme

Buvez la vie. Employez vos sens pour explorer votre monde – regardez, touchez, goûtez, sentez, écoutez et faites l'expérience de tout ce qui est en vous et autour de vous. Votre itinéraire dans la vie est censé être une expérience des sens. Votre vie est destinée à être un arc-en-ciel plein de mouvements et de sons, et non pas une existence fade et sans goût faite uniquement de blanc et de noir. Soyez sensuel. Découvrez-vous vous-même et votre monde chaque jour et nourrissez votre âme à chaque instant.

Carte 30

Prenez soin de tout ce que vous aimez

Ayez le temps de prendre soin des choses dont vous vous occupez afin qu'elle puissent s'épanouir et croître. Vos espoirs, vos rêves, votre corps, votre mental, votre esprit, vos créations et vos relations ; tout ce que vous devez chérir, aimer, honorer et respecter. Sans soin et attention, ces aspects de soi peuvent tomber dans un état de négligence qui ne ferait que vous nuire ainsi qu'au monde autour de vous. Prenez soin d'eux, et ils vous apporteront paix et accomplissement.

Carte 31

Observez en silence

Maintenant ce n'est plus le temps d'être la vie du groupe, ni de se porter volontaire pour tenir le rôle de chef ou d'enseignant. Soyez prudent. Il serait imprudent d'attirer l'attention sur vous ou de révéler vos plans aux autres en ce moment. Au contraire, soyez silencieux. Prenez du recul. Restez tranquille. Observez ceux qui vous entourent et soyez attentif à ce que vous voyez, entendez et sentez. Ayez confiance en vos instincts et à votre intuition, et laissez-les guider vos pas.

Carte 32

Protégez ce qui est sauvage et naturel

Vous êtes un gardien de la terre et de tous ceux qui y vivent – les arbres, les animaux, les oiseaux, les insectes et les habitants de l'océan bleu. Il est temps de jouer un rôle actif en protégeant et en préservant ce qui est sauvage et naturel, en étant conscient de votre impact sur le monde naturel, et en le limitant. Ce monde n'est pas votre possession ; c'est un cadeau offert à vous et à vos enfants. Parcourez-le en douceur. Parcourez-le avec attention et marchez avec amour. Rappelez-vous que votre relation avec le monde est symbiotique.

Carte 33

Respectez vos frontières

Les autres ne respecteront pas les frontières émotionnelles que vous instaurez dans vos relations si vous ne les respectez pas vous-même. Connaissez-vous. Aimez-vous. Si vous ne vous respectez pas avec la même attention que vous demandez aux autres, alors on ne vous respectera pas. Si vous n'honorez pas vos propres vérités et vos rêves, alors nul ne le fera. Honorez-vous en vous traitant avec la même attention, et la même manière, avec lesquelles vous espérez que les autres vous traitent.

Carte 34

Révélez votre vérité

À votre naissance, votre âme était brillante. En grandissant, vous avez appris le juste et le faux. On vous a enseigné comment penser, comment vivre, comment croire, de telle sorte que vous avez peur de dire non. Montrer votre désaccord, c'est risquer de vous aliéner la famille et la société, et ainsi vous dissimulez vos pensées et sentiments véritables derrière un masque. Ce masque cache votre lumière. Rejetez-le. Embrassez et vivez votre vérité, et laissez votre âme briller de nouveau.

Carte 35

Cherchez la leçon

La sagesse vient en cherchant la leçon de toutes les expériences, à la fois bonnes et mauvaises. Elle naît avec la conscience que tout est connecté, et que tout arrive pour une raison… même quand la raison reste un mystère. Adoptez une nouvelle idée, une nouvelle conscience, ou la nouvelle connaissance qui viendra avec l'écoute de votre voix intérieure, et des enseignants humains et non humains et des messagers qui viendront vous visiter en vous et dans votre vie. Laissez-les vous inciter à explorer des voies inconnues.

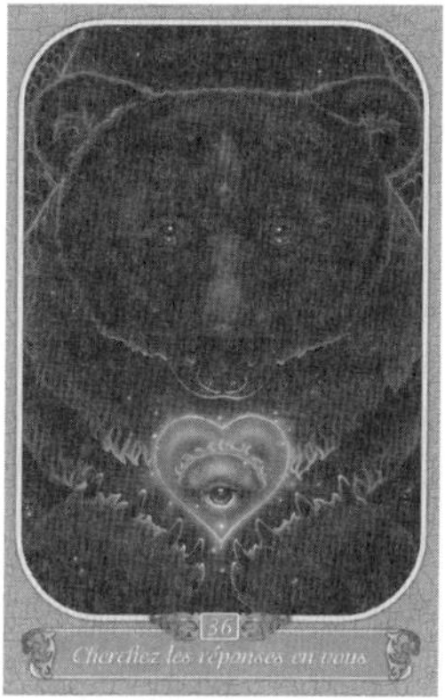

Carte 36

Cherchez les réponses en vous

Si vous vous sentez troublé, si votre intuition et votre voix intérieure sont excédées par les réponses, la sagesse et l'avis des autres, alors il est temps pour vous de vous éloigner. Retirez-vous dans un endroit solitaire. Comme l'ours, il vous faut maintenant hiberner, entrer en vous et chercher le vide, et accueillir le silence intérieur. Dans ce silence se trouvent les réponseswà vos questions, et comme ce sont des réponses nées de vos vérités, elles seront les réponses qui vous font aller de l'avant au lieu de vous laisser inerte.

Carte 37

Cherchez votre destin

Vous avez un but et une raison. Vous pourriez avoir un ou même plusieurs destins. Craignez-vous de croire à la destinée parce que d'autres pourraient en rire ? Non pas. Ce pourrait être aussi simple que de prendre un moment pour regarder en vous et de découvrir ces choses que vous aimez passionnément et de les mettre en lumière. Mais vous ne saurez jamais si vous avez peur de franchir la porte afin de voir ce qui se trouve de l'autre côté. Ayez confiance dans tout ce que vous espérez et rêvez de ce qui sera là pour vous attendre.

Carte 38

Voyez les signes

Nous recevons souvent de petits signes sous la forme de synchronicités et de coïncidences. Soyez attentif. Ne les négligez pas dans la hâte de la vie quotidienne. Les mots, les nombres et les symboles qui se répètent, les animaux et les oiseaux qui apparaissent sur votre chemin, les gens qui surgissent et qui sortent de votre vie à des moments bizarres ou similaires, et ces éclairs de connaissance quand vous croyez, avec chaque fibre de votre être, que quelque chose va se produire – ce sont des choses que vous êtes censés voir et entendre ; des messages venant de Gaïa et du Grand Esprit pour faciliter votre itinérance.

Carte 39

Voyez la vérité

Ne soyez pas déçu. Soyez attentif et conscient des illusions que les autres tissent autour d'eux-mêmes et que vous pouvez tisser autour de vous. Connaissez la nuit. Comprenez les ombres. Par-delà les ténèbres voyez la lumière de la vérité. Faites attention aux contradictions. Notez quand les actes et les paroles ne sont pas en harmonie. Aiguisez votre intuition et votre perspicacité afin de pouvoir connaître l'esprit et le cœur de ceux qui vous entourent – les vôtres – et ayez confiance dans la sagesse issue de cette prise de conscience.

Carte 40

Voyez-vous dans la nature

Vous êtes né d'un homme et d'une femme, mais l'humanité est née du monde naturel. Il est temps maintenant de vous reconnecter. Observez le monde naturel. Explorez votre monde et vous verrez qui vous êtes. Détachez-vous de tout jugement et de tout dogme nés des hommes et voyez votre vraie nature se refléter dans le monde de beauté qui vous environne. Voyez que vos émotions sont comme le temps et que vos sens atteignent le ciel et la terre comme les branches et les racines des arbres. Voyez-vous dans la nature et la nature en vous.

Carte 41

Partagez vos pensées

Vous avez des espoirs, des rêves, des buts et des idées. Ne gardez pas jalousement vos idées et ne les cachez pas en vous de peur que quelqu'un puisse les voler ou vous ridiculiser au lieu de vous aider. Il est temps de partager vos vues. Parlez au Grand Esprit et à Gaïa de vos rêves et de vos espoirs afin qu'ils vous envoient ce dont vous avez besoin. Parlez de vos rêves aux autres. Contactez ceux qui partagent vos buts et vos espoirs car ils peuvent être en mesure de vous aider à réaliser vos rêves.

Carte 42

Montrez que vous prenez soin des autres

Ne vous éloignez pas de la vie et de ceux qui vous entourent. Cherchez à communiquer. Demandez aide ou soutien si vous en avez besoin. Ou, si quelqu'un dans vos relations est en demande d'aide ou de soutien, donnez-les sans hésitation ni question. Un souci partagé est un fardeau divisé de moitié. Il n'est plus temps maintenant de vous retirer et d'être seul, non plus qu'il est temps de laisser un autre dans le besoin. Soyez attentif. Prenez soin des autres. Ayez de la compassion. Tendez la main, soyez un ami et laissez les autres être des amis pour vous.

Carte 43

Restez fort

La vie va vous mettre devant nombre d'épreuves. La vie vous apportera des moments de joie, mais aussi des moments de souffrance ; comme le temps, elle peut être imprévisible, dure et cruelle. Mais pouvez endurer tout ce qui vous arrive. Sachez quand résister, et sachez quand il faut laisser aller. Sachez que parfois vous perdrez, mais cette perte vous rendra plus fort au fond. Restez fort. Avec espoir et foi, vous pourrez tout endurer.

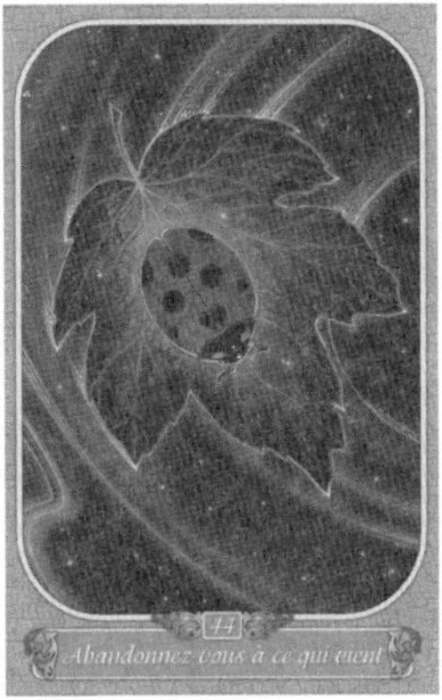

Carte 44

Abandonnez-vous à ce qui vient

Par le choix et l'action vous pouvez conduire le cours de votre vie. Mais parfois un besoin de contrôler chaque issue peut vous jeter dans un tourbillon au lieu de vous faire avancer. Vous pouvez avancer dans la direction de votre choix, mais ce peut ne pas être la direction que vous devez suivre. Relâchez votre emprise. Abandonnez-vous à ce qui vient, et croyez que vous vous trouverez exactement là où vous devez être.

Carte 45

Il est temps de vous enraciner

Dans notre vie, nous faisons tous l'expérience de moments où nous nous sentons perturbés, non concentrés et environnés par le désordre et l'agitation. Ces moments sont souvent inévitables, comme les leçons qu'ils peuvent communiquer. Mais la façon d'y réagir n'appartient qu'à vous. Inspirez profondément et faites une pause pour vous reconnecter avec Gaïa et la nature. Cherchez en vous le silence du vide, tandis que votre esprit descend en spirale pour s'ancrer comme la racine d'un vieil arbre dans l'embrassement purificateur de la terre au-dessous de vous.

Carte 46

Il est temps de réfléchir

Avez-vous agi à la hâte en passant d'un moment à l'autre sans penser ni prendre garde ? Avez-vous manqué de noter et de prendre connaissance de tout ce que vous avez atteint et accompli ? Stop. Prenez le temps d'une pause pour réfléchir sur tout ce qui s'est passé et se passe encore. Regardez comme vous avez grandi. Regardez tout ce que vous avez réussi en agissant. Prenez plaisir à votre cheminement et comprenez comment il a joué sa part en créant celui qui vit dans le présent.

Carte 47

Croyez en la magie

La magie est faite de mystères et de coïncidences. Elle est au cœur de ces moments de synchronicité et de connaissance. Elle est tissée dans la conscience qu'il y a plus de vie que vous ne pouvez voir. Elle naît au moment où vous avancez sans peur et avec un cœur aimant blotti dans le Vide, avec la voix que vous désirez, alors que le Grand Esprit envoie ses messagers pour vous montrer la voie. Croyez en la magie. Elle est réelle et elle vous environne.

Carte 48

Eloignez vos soucis

En avançant dans la vie, vous avez sans doute vécu des moments qui vous ont inspiré des sentiments de regret, de remords, de honte et de culpabilité. Vous avez fait des promesses que vous n'avez pu tenir. Vous avez jugé et blâmé les autres et vous-même. Vous vous êtes accablé de sentiments nés d'actes inévitables, qui vous attachent encore au passé. Il est temps de pardonner. Il est temps de vous allonger dans les eaux curatives afin qu'elles vous soulagent des fardeaux pour que vous puissiez avancer avec l'esprit purifié.

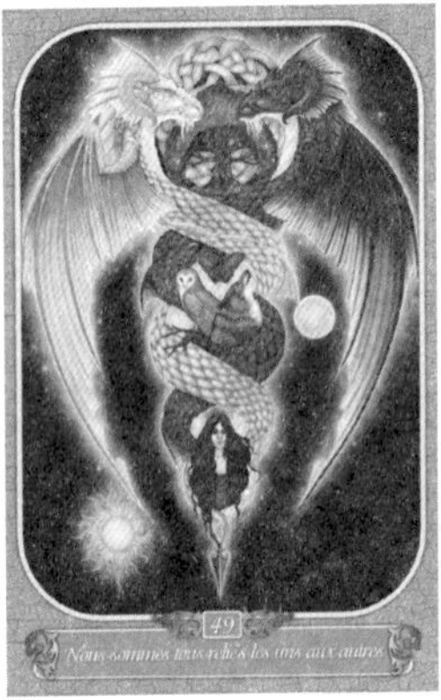

Carte 49

Nous sommes tous reliés les uns aux autres

Nous dépendons tous les uns des autres pour la vie. Si nous détruisons les choses mêmes dont nous dépendons, nous aussi nous périrons. Nous sommes tous connectés. Nous sommes tous un. Si vous portez atteinte au monde de la nature, vous vous portez atteinte à vous-même. Vous êtes plus qu'une partie du genre humain, vous êtes un enfant de Gaïa. Vous êtes le frère et la sœur de toute vie et de tout être humain. Aimez-les comme vous vous aimez vous-même. Soutenez-les comme vous vous soutenez vous-même.

Carte 50

Vous êtes né pour créer

Vous avez été béni avec la capacité de créer avec la pensée, l'intention et l'émotion. Soyez conscient de votre pouvoir et averti de ce que vos actions et vos réactions créent en vous et autour de vous. Chérissez ce don et employez-le d'une manière sage et productive. Créez la beauté et inspirez aux autres le désir de faire de même. Créez un futur qui satisfasse et réjouisse. Faites ce pour quoi vous êtes né.

L'auteur et l'artiste

Ravynne Phelan, Michele-lee Phelan, peint depuis l'an 2000. Dans son enfance, elle rêvait de devenir artiste, mais tomba dans le désespoir à l'adolescence, quand beaucoup de gens lui dirent qu'une carrière artistique était un rêve inaccessible. Affaiblie par la maladie, elle crut que c'était la vérité et abandonna ses pinceaux. Durant les quatorze années suivantes, elle vécut dans un monde gris dénué de couleurs, de rêves et de but ; puis on diagnostiqua la dépression et elle put alors connaître l'art thérapie.
Cette forme non conventionnelle de traitement réveilla les rêves de son enfance et, à 33 ans, Ravynne put devenir une artiste et une illustratrice professionnelle. Elle savait, dans chaque fibre de son être, que certains rêves sont plus que des rêves ; ils sont une image du destin, et ce fut son destin de devenir une artiste et de partager avec les autres son message de magie et de guérison.

Mais cette vérité ne manifesta pas encore sa nature car, après plusieurs années d'activité commerciale en tant qu'artiste et illustratrice, Ravynne ressentit de nouveau un vide en elle. Après beaucoup de travail intérieur, elle en vint à comprendre que sa créativité impliquait plus un sens spirituel et un message. Elle se consacra au Grand Esprit et à Gaïa, et entreprit une carrière florissante de maquettiste pour les couvertures de livres fantastiques, et d'illustratrice de livres pour enfants afin tout d'abord d'illustrer, puis d'écrire et d'illustrer, des cartes d'oracles et de tarot. À partir de ce moment, sa vie fut transformée. Chaque œuvre d'art était maintenant un effort de collaboration entre le grand Esprit et Gaïa, et ainsi Ravynne se trouva guérie et complète. Pourquoi ? Parce qu'elle avait osé vivre son rêve.

En tant qu'illustratrice professionnelle, Ravynne – sous le nom de Michele-lee Phelan – a composé la couverture et les illustrations intérieures de nombreuses publications, comme *The Oracle Of The Dragonfae* de Lucy Cavendish et *Mythic Oracle* avec Carisa Mellado. Son livre, le formidable *Dreams of Magic,* fut le premier ouvrage qu'elle ne fit pas en collaboration ; c'était une expression de sa créativité florissante et de son amour pour le Divin.

En 2011, Michele-lee devint Ravynne pour célébrer et honorer la voie magique qu'elle avait parcourue au service de Gaïa et du Grand Esprit, et pour marquer la fin de son combat contre la dépression. Ses blessures ont été guéries, et maintenant elle s'avance d'un pas plus lumineux et avec la joie dans le cœur.

L'Oracle du Messager est la deuxième manifestation d'un rêve de magie et la troisième, Dreams of Gaïa Tarot – un nouveau tarot pour la nouvelle ère – est prévue pour 2012.

Visitez le site web de Ravynne : ***www.dreamsofgaia.com***

Également disponible :

Oracle des Fées
Lucy Cavendish
Éditions Exergue

L'Oracle de l'archange Michaël
L'Ange bleu
Toni Carmine Salerno
Éditions Contre-Dires

Également disponible :

Oracle des Métamorphes
Lucy Cavendish
Illustrations de Jasmine Becket-Griffith
Éditions Exergue

Oracle dcs êtres d'ombre et de lumière
Lucy Cavendish
Illustrations de Jasmine Becket-Griffith
Éditions Exergue

NOTES

NOTES

NOTES

NOTES